Ingrid Moras

Zauberhaftes Mosaik

CREATIV COMPACT

CHRISTOPHORUS

Inhalt

Puzzle aus Steinen

Bestimmte Techniken verlieren nie ihren Reiz. Dazu gehört ganz bestimmt das Mosaik. Zeitlos schön sind die individuellen Resultate mit den kleinen oder größeren Mosaiksteinen. Sie verwandeln einen ganz gewöhnlichen Teller, ein Tablett oder eine Vase in richtige kleine Kunstwerke.

Mit 5 x 5 mm großen Keramiksteinen gelingen in reizvoller Puzzlearbeit plastische, dekorative Figuren von der Katze bis zum Käfer. Alle Tiere sind ganz einfach herzustellen und benötigen auch nicht mehr Zeitaufwand als ein Papierpuzzle mit 500 Teilen. Und das, was herauskommt, kann sich sehen lassen! Für diese zauberhaften Figuren ist es garantiert nicht schwer, einen Platz zu finden: sei es auf der Fensterbank, als Steckfiguren im Blumentopf und Garten oder ganz einfach als Tischlichter. Noch kleinere Keramiksteinchen können sogar für Schmuckanhänger verwendet werden.

Ein Tipp für leichteres Arbeiten: Mit einer guten Mosaikzange geht das Brechen der Glassteine so leicht wie Papierschneiden mit der Schere. Ein Schutz an der Zange verhindert zusätzlich, dass die Steine unkontrolliert wegspringen.

Vielleicht bekommen Sie angesichts der Beispiele im Buch auch Lust auf Mosaik – dann wünsche ich Ihnen viel Freude!

Ingrid Moras

Material & Hilfsmittel

Mosaiksteine und Mosaikkleber

Der Fachhandel führt ***quadratische Mosaiksteine aus Glas*** (10 x 10 mm und 15 x 15 mm, marmoriert, z. B. von Rayher) und ebenso große ***Spiegel-Mosaiksteine*** sowie ***Keramik-Mosaiksteine***, 5 x 5 mm (z. B. von Efco) und 3 x 3 mm (z. B. von Rayher). ***Mosaik-Glassteine mit eingefärbtem Boden*** (z. B. von Efco) sind durch ihre unregelmäßige Form und ihren weichen Glanz sehr reizvoll. Die Steine mit ***Mosaikkleber*** oder einem anderen ***Silikonkleber*** (z. B. von Rayher, Efco) aufkleben. Mit einer ***Mosaikzange*** (z. B. von KnorrPrandell) können die Steine bei Bedarf sauber und leicht passend zerkleinert werden. Ein Schutz verhindert, dass Splitter unkontrolliert wegspringen. Mit einer ***Pinzette*** die Steine aufgreifen und aufkleben.

Die Fugenmasse

Es gibt ***Fugenmörtel oder Zement*** für den Innen- und Außenbereich. 1 Teil Wasser und 3,5 Teile Fugenmasse streichfähig anrühren (ähnlich wie Zahnpasta). Dazu die Hinweise des jeweiligen Herstellers beachten. Die Fugenmasse kann beliebig mit ***Acrylfarbe*** eingefärbt werden. Dadurch verringert sich die Wasserzugabe.
Die Fugenmasse mit einem Spachtel (evtl. auch Gummispachtel) oder den Fingern auftragen und entfernen. Das Mosaik mit einem ***Schwamm*** und ***Schwammtuch*** reinigen.

Die Figuren

Die Figuren bestehen aus ***Keramik-, Holz-*** und ***Halbkugeln aus Holz.*** Diese werden mit ***Silikonkleber*** zusammengefügt. Für fließende Übergänge von Kopf und Körper sorgt aufgestrichene ***Strukturpaste***. Mit ihr lassen sich auch Details wie Schnabel oder spitze Ohren aufbauen. Sie trocknet hart und wasserfest aus.

So gehts

Die Vorlagen übertragen

Vorlagen mit einem weichen Bleistift auf Transparentpapier übertragen, die Vorderseite des Papiers auf das Werkstück legen und das Motiv auf der Rückseite nachfahren. Auf Kugeln Flügel usw. frei mit Bleistift vorzeichnen. Auf Steinen das Transparentpapier ausschneiden und die Umrisse umfahren.

Die Steine aufkleben

Steine und Bruchstücke (meist diagonal oder mittig mit der Mosaikzange geteilt) mit etwas Abstand aufkleben. Dafür am besten Silikon Stück für Stück auf das Werkstück auftragen und die kleinen Steine mit einer Pinzette auf die Klebefläche setzen. Dabei etwa 3 mm Abstand zu den Rändern (z. B. eines Tellers) halten. Abbinden lassen.

Die Fugenmasse auftragen

Die Fugenmasse (evtl. mit Acrylfarbe eingefärbt) mit dem Spachtel oder den Fingern (evtl. Gummihandschuhe) aufstreichen und kreuz und quer in alle Zwischenräume drücken. Zum Rand hin die Fugenmasse von den Mosaiksteinen schräg zur Kante verstreichen.

Das Mosaik reinigen

Nach etwa 5 Minuten das Mosaik mit einem feuchten weichen Schwamm wiederholt reinigen, bis das Niveau der Fugenmasse etwas unter dem der Mosaiksteine liegt und der Zement mit dem flach aufgesetzten Schwamm nicht mehr verschmiert wird. Den Schwamm häufig unter fließendem Wasser reinigen und gut ausdrücken. Den letzten Zementschleier mit Essigwasser und einem Schwammtuch entfernen.

Fugen nachträglich einfärben

Um Details hervorzuheben, kann die trockene Fugenmasse mit Acrylfarbe bemalt werden (siehe z. B. Körper und Augen der Pfauen-Uhr). Dazu dürfen auch die Steine übermalt werden, wenn die Farbe zügig mit einem feuchten, flach aufgesetzten Schwammtuch wieder entfernt wird.

Hinweis

Transparentpapier, Bleistift, Mosaikkleber, Fugenmasse, Zange, Pinzette, Spachtel und Schwamm werden in der Materialspalte nicht mehr aufgeführt.

Dekorative Steine

Gecko

1 Die Umrisse des Geckos mit Transparentpapier auf dem Stein platzieren (Foto 1). Mit Strukturpaste die Wölbung des Körpers und Kopfes auftragen; zum Rand hin die Paste sanft abschrägen und auslaufen lassen. Die Strukturpaste trocknen lassen (Foto 2).

2 Mosaikkleber Stück für Stück auftragen und die Steine Reihe für Reihe von außen nach innen mit der Pinzette aufdrücken. Wenn nötig, die Steine mit der Mosaikzange passend zerkleinern. Nach dem Abbinden des Klebers die Zwischenräume mit leicht eingefärbter Fugenmasse ausfugen.

Den ***Schmetterling*** mit Bleistift auf dem Stein anbringen (s. o.). Stück für Stück Kleber auftragen und die Steine Reihe für Reihe aufkleben. Falls nötig, die Steine mit der Zange zuschneiden. Nach dem Abbinden des Klebers die Fugen mit ultramarinblau eingefärbter Fugenmasse ausfüllen.

Material

Gecko
- Flussstein, ca. 17 x 15 cm
- Mosaiksteine, 5 x 5 mm, in Hellgrün, Grün, Reseda-Grün, Schwarz, Rot
- Acrylfarbe in Moosgrün
- Strukturpaste in Weiß, grob

Schmetterling
- Flussstein, ca. 21 x 16 cm
- Mosaiksteine, 5 x 5 mm, in Rosa, Royalblau, Hellblau, Blau
- Acrylfarbe in Ultramarinblau

Vorlagen A1, A2

Tipp
Beim Zerkleinern die kleinen Steinchen am besten mit einer Pinzette zwischen die Räder der Zange halten.

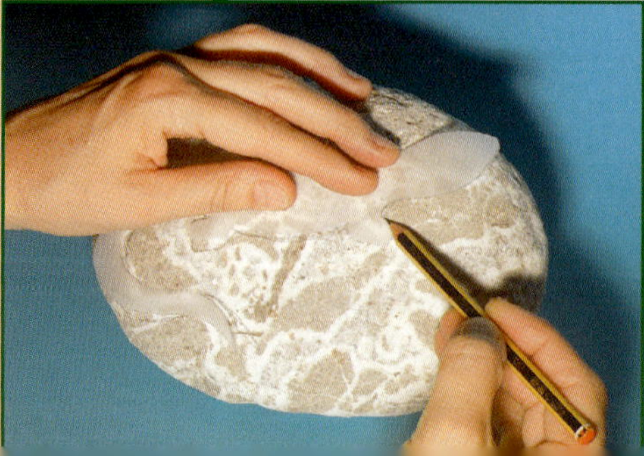

Frosch & Ente

Material

Frosch

- Terrakotta-Kugel, 6 cm Ø
- Halbkugel aus Holz, 4 cm Ø
- 2 Halbkugeln aus Holz, 20 mm Ø
- Mosaiksteine, 5 x 5 mm, in Grün, Resedagrün, Schwarz, Hellgrün
- Acrylfarben in Moosgrün, Schwarz

Ente

- Kugelvase mit Teelichteinsatz, 11 x 7 cm Ø
- Holzkugel, 5 cm Ø
- Halbkugel aus Holz, 25 mm Ø
- Strukturpaste in Weiß
- Mosaiksteine, 5 x 5 mm, in Royalblau, Blau, Weiß, Schwarz, Türkis, Hellblau, Gelb
- Acrylfarbe in Ultramarinblau

Vorlagen B1 – B3

Für den **Frosch** die 4-cm-Halbkugel als Kopf und zwei 20-mm-Halbkugeln als Augen mit Silikon auf die Terrakotta-Kugel kleben. Die Augen-Halbkreise und den Kopf von unten nach oben Reihe für Reihe mit Steinchen bedecken; nach der ersten Reihe die schwarzen Augen bzw. den Mund aus halbierten Steinen aufkleben. Zuletzt Steine passend zuschneiden. Den Brustfleck mit Bleistift aufzeichnen und hellgrüne Steine von innen nach außen fixieren. Die übrigen Flächen des Körpers in Grün gestalten. Mit Steinen in Resedagrün zuletzt die Steine für die Füße aufkleben. Alles mit moosgrün eingefärbter Fugenmasse verfugen. Die Fugen der Füße mit einem Gemisch aus Moosgrün und etwas Schwarz nachträglich bemalen.

Für die **Ente** die 5-cm-Kugel als Kopf und die Halbkugel als Schnabel am Glasbauch mit Silikon fixieren. Die Übergänge mit Strukturpaste fließend gestalten. Den Schnabel in Gelb bekleben, am Kopf oben sechs Reihen in Royalblau von vorne nach hinten fixieren. Auf beiden Seiten zwei Reihen in Blau anschließen, dann die Augen und den Wangenfleck einbauen. Als Überleitung zum Körper eine Reihe in Weiß kleben. Die Umrisse der Flügel auf das Glas übertragen; Steine nach der Vorlage aufkleben. Den Körper hinten mit Royalblau gestalten, vorne mit Hellblau und Türkis. Mit ultramarinblau eingefärbter Fugenmasse ausfugen.

Nützlich & dekorativ

Material

Uhr

- MDF-Uhrenrohling, 21,5 cm ∅
- Quarzuhrwerk „Kienzle", 15 mm Schaft
- Uhrzeiger „Kienzle" in Gold, 38 x 48 mm
- Mosaiksteine, 5 x 5 mm, in Royalblau, Hellblau, Türkis, Blau, Elfenbein, Hellgrün, Honiggelb, Schwarz
- Acrylfarben in Hellgrün, Ultramarinblau
- Bohrer und Schleifaufsatz

Kugelvase

- Vase in Braun, 10 cm ∅
- Mosaiksteine, 5 x 5 mm, in Royalblau, Türkis, Honiggelb, Hellgrün
- Acrylfarbe in Ultramarinblau

Spitzvase

- Glasspitzvase, 30 cm
- Mosaiksteine, 5 x 5 mm, in Royalblau, Hellblau, Blau, Türkis, Hellgrün
- Acrylfarbe in Kobaltblau
- Veloursband in Blau

Vorlagen C1 – C3

Anleitung Spitzvase siehe Seite 12.

Uhr

1 Das Loch in der Mitte des Ziffernblattes mit einem Bohrer so erweitern, dass der Schaft des Uhrwerkes gerade hindurchpasst. Auf dem Ziffernblatt mit Bleistift die auf der Vorlage angegebenen Hilfslinien und Umrisse des Pfaues angeben. Den Pfauenkörper und das innere Rad jeweils Reihe für Reihe von außen nach innen aufkleben und dabei mit dunkleren Farbtönen (Royalblau bzw. Türkis) beginnen und nach innen hellere Blau- bzw. Grüntöne verwenden. Für das Auge, den Schnabel und die Krone Steine mit der Zange teilen.

2 Zuletzt die Pfauenaugen jeweils von innen nach außen arbeiten und danach den Rand bekleben; dabei die Reihen gleichzeitig von außen und innen arbeiten und Steinchen um die Pfauenaugen herum zurechtschneiden. Mit leicht hellgrüner Fugenmasse verfugen. Trocknen lassen. Die Fugen des Pfauenkörpers und die Pfauenaugen mit etwas verdünntem Ultramarinblau hervorheben. Das Uhrwerk montieren.

Bei der ***Kugelvase*** eine Reihe Steinchen um den Vasenhals kleben. Vier „Pfauenaugen", jeweils zwei genau gegenüberliegend, fixieren. Die Zwischenräume mit hellgrünen Steinchen ausfüllen und nach unten zum Pfeil formieren. Je eine Reihe in Royalblau und Türkis anschließen. Mit ultramarinblau eingefärbtem Fugenmittel ausfugen.

Schmuckanhänger

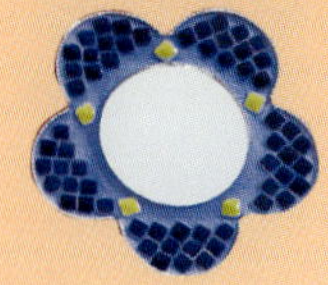

Material

Alle

- Schmuckkleber
- Mosaiksteine, 3 x 3 mm, in Rosé, Schwarz, Braun, Grün, Blau, Beige

Kreuze, Tropfen & Achteck

- Schmuck-Kessel „großes Kreuz“ mit Öse, 3,8 x 2,8 cm
- 2 Schmuck-Kessel „kleines Kreuz“ mit Öse, 3,35 x 2,1 cm
- Schmuck-Kessel „Tropfen“ mit Öse, 4,3 x 2,1 cm
- Schmuck-Kessel „Achteck“ mit Öse, 3 cm
- Mosaiksteine, 5 x 5 mm, in Rot, Royalblau
- Acrylfarben in Hellblau, Ultramarinblau
- Velourbänder in Rot, Hellgrün, Grün, 4 mm ∅
- 4 Drahtperlen in Silber, 8 mm ∅
- Karabiner in Silber
- Quetschkalotten in Silber, 3 mm ∅

Blütenanhänger

- Schmuck-Kessel „Blume“ mit Öse, 1x 4,9 cm, 1x 3,7 cm
- Rocaille in Blutstein, 2,5 mm ∅
- Acrylfarbe in Ultramarinblau
- Spiegel, rund, 25 mm ∅
- Laternenfolie, 0,4 mm

Vorlagen D1 – D8

1 Die Steinchen mit dem Schmuckkleber nach der entsprechenden Vorlage in die Schmuck-Kessel kleben. In einer großen Blüte in der Mitte den runden Spiegel fixieren. Bei der anderen Blüte ein rundes Foto mit 3 cm ∅ und einen ebenso großen Kreis aus Laternenfolie ausschneiden. Beide Lagen nur am Rand (ca. 1 mm weit) aufeinander kleben. Dann das Foto in der Mitte des Schmuck-Kessels fixieren.

2 Den inneren blauen Rand aus Steinchen mit Schmuckkleber auf den Rand des Bildes kleben. Zum Verfugen die Bildfläche zum Schutz mit Malerklebeband bedecken. Nach dem Anziehen des Klebers die Schmuck-Kessel ausfugen und dabei die Fugenmasse mit Acrylfarbe einfärben. Als Kette Verlourbänder verwenden, auf die nach Wunsch Perlen aufgeschoben werden können. Die Enden in Quetschkalotten einkleben. Als Verschluss einen Karabiner einhängen.

Nützlich & dekorativ

Abbildung & Materialangaben Seite 10/11

Eine Reihe in Royalblau zunächst rund um den oberen Teil der ***Spitzvase*** kleben (Abstand ca. 4 cm). In der unteren Hälfte die Steinreihe in zwei Halbbögen nach unten führen. Zwei Reihen in Royalblau, je eine in Blau, Hellblau, Türkis und Hellgrün anschließen (evtl. die Steine anpassen). Die Halbbögen jeweils mit zwei Reihen in Hellgrün umrahmen, den Rest mit Türkis auslegen. Der Fugenmasse etwas Kobaltblau beifügen und alles verfugen. Die Fugenmasse über den Löchern am besten anschließend mit einem nassen Ohrenstäbchen entfernen. Ein Band als Aufhängung anknoten.

Romantische Rosen

Material

Tablett

- Birkentablett, 40 x 28 cm
- Mosaiksteine, marmoriert, 1 x 1 cm, in Erika, Grün bis Dunkelgrün, Weiß
- Acrylfarben in Weiß, Hellgrün

Rosenvase

- Glasvase, gefrostet, in Weiß, 10 cm hoch
- Mosaiksteine, marmoriert, 1 x 1 cm, in Grün bis Dunkelgrün, Erika
- Acrylfarbe in Hellgrün

Geschwungene Vasen

- Glasvasen in Grün, 1x 25 cm hoch, 1x 20 cm hoch
- Mosaiksteine, marmoriert, 1 x 1 cm, in Grün bis Dunkelgrün, Erika
- Acrylfarbe in Hellgrün

Serviettenhalter

- Pappmaché-Herz, 7 cm
- Mosaiksteine, marmoriert, 1 x 1 cm, in Erika
- Acrylfarbe in Weiß

Vorlagen E1 – E4

Tablett & Rosenvase

Für die Blüten die Steine in Erika nach hellen, mittleren und dunklen Farbtönen sortieren. Die Rosen mit Bruchstücken aufkleben und dabei zur Unterscheidung der einzelnen Blütenblätter die hellen Erika-Töne (in der Vorlage nur mit Umrahmung gezeichnet) im Randbereich aufkleben. Einzelne Flächen mit sehr dunklen Bruchstücken (in der Vorlage schraffiert) hervorheben. Die übrigen Flächen mit den mittleren Erika-Tönen ausfüllen. Den Hintergrund bzw. unteren Rand mit ganzen Mosaiksteinen arbeiten; dabei um das Motiv herum die Steine einpassen. Alles mit leicht hellgrün eingefärbter Fugenmasse verfugen. Den Rand des Tabletts passend mit einem Acrylfarbenmix aus Weiß und Hellgrün einfärben.

Geschwungene Vasen

Die Blumenvasen am unteren Rand mit je einer Reihe in Grün und Erika umkleben. Dann bei der größeren Vase eine Reihe mit 13 grünen Steinen aufkleben, bei jeder weiteren Reihe zwei Steine weniger. Bei der kleineren Flasche mit elf grünen Steinen beginnen, und jede Reihe wiederum um zwei grüne Steine verringern. Für die entstehenden Stufen Steine in Erika diagonal teilen und in die Stufen einkleben. Als Spitze einen diagonal geteilten Stein in Erika aufkleben.

Serviettenhalter

Das Herz mit Bruchstücken von Mosaiksteinen in Erika bekleben und in Weiß verfugen. Die Rückseite und den Rand mit weißer Acrylfarbe bemalen oder ebenfalls mit Mosaiksteinen bekleben.

Katze & Vogel

Material

Beide

- Terrakotta-Kugel, 8 cm ∅
- Strukturpaste in Weiß, grob
- Acrylfarbe in Ultramarinblau
- Rundstab, zum Loch passend
- Satinband in Grün, Blau
- Deko-Gras in Lindgrün

Katze

- Holzkugel, 5 cm ∅
- Halbkugeln aus Holz, 2x 20 mm ∅, 2x 25 mm ∅
- Mosaiksteine, 5 x 5 mm, in Türkis, Pastelltürkis, Schwarz, Royalblau

Vogel

- Halbkugel aus Holz, 4 cm ∅
- Mosaiksteine, 5 x 5 mm, in Royalblau, Hellblau, Blau, Hellgrün, Schwarz, Rosa

Vorlagen F1, F2

Katze

1 Die Holzkugel als Kopf mit Silikon auf der Terrakotta-Kugel fixieren; als Ohren zwei 20-mm-Halbkugeln und als Füße zwei 25-mm-Halbkugeln festkleben. Die Erhebung für den Schwanz und die Spitze der Ohren mit Strukturpaste auftragen. Das Innere des Ohres nach der Vorlage bekleben, dann in Royalblau die Ohren beenden. Die erste Reihe um die Ohren herum in Türkis arbeiten und den Gesichtskreis anschließen. Schwarze Steine für die Augen diagonal, für den Mund mittig teilen. Den Schwanz und die Beine aufkleben.

2 Alle übrigen Flächen mit Royalblau Reihe für Reihe bedecken; vereinzelt beim Körper Steine in Türkis setzen. Die Farben an den Seiten allmählich in Türkis und am Rücken in Pastelltürkis übergehen lassen. Zuletzt die Fugen mit ultramarinblau eingefärbter Fugenmasse ausfüllen.

Vogel

Die Halbkugel als Kopf mit Silikon auf die Terrakotta-Kugel kleben und mit Strukturpaste einen Schnabel modellieren. Die Flügel und den Brustfleck mit Bleistift aufmalen. Den hellgrünen Kopffleck zuerst aufkleben, die beiden Reihen mit den Augen anschließen und den Kopf mit Blau und Royalblau beenden. Die Flügel und den Brustfleck arbeiten, dann von außen nach innen die übrigen Flächen Reihe für Reihe mit royalblauen Steinen bedecken und den Schnabel mit schwarzen Steinen bekleben. Die Fugen mit ultramarinblau eingefärbter Fugenmasse ausfüllen.

Obstteller

Material

Teller

- Teller (hier Pizza-teller), 30 cm ∅
- Mosaiksteine, marmoriert, 1 x 1 cm, in Weiß, Gelb, Orange, Grün bis Dunkelgrün, Mittelblau
- Acrylfarbe in Ultramarinblau

Apfel

- Terrakotta-Kugel, 6 cm ∅
- Vierkantholz, 5 x 5 mm
- Strukturpaste in Weiß, grob
- Mosaiksteine, marmoriert, 1 x 1 cm, in Rot, Orange, Grün
- Acrylfarbe in Ultramarinblau

Herz

- Herz aus Styropor, 8 cm
- Mosaiksteine, marmoriert, 1 x 1 cm, in Rot
- Acrylfarbe in Ultramarinblau

Vorlagen G1, G2

Obstteller

Zunächst die Umrisse der Fruchtscheiben mit halbierten gelben bzw. orangefarbenen Steinen aufkleben. Anschließend die weißen Linien ebenfalls aus halbierten Steinen legen. Die übrigen Flächen der Fruchtschnitten, soweit möglich, mit ganzen Steinen von außen nach innen auffüllen, bei Bedarf einpassen. Blätter und Stiele mit grünen Steinen aufkleben und zuletzt den Hintergrund von außen nach innen mit ganzen blauen Mosaiksteinen, soweit möglich, bedecken. Die Fugenmasse mit Ultramarinblau einfärben und die Fläche verfugen.

Apfel und Herz

Für den ***Apfel*** ein Vierkantholz in die Öffnung der Terrakotta-Kugel (oder Plastikkugel) so einstecken, dass es etwa 2 cm übersteht. Die Öffnung mit Strukturpaste verschließen und auf diese Weise den Stab fest einbinden. Die Terrakotta-Kugel mit roten und orangefarbenen Mosaiksteinen bekleben. Für den Stiel grüne Steine halbieren.

Auf das ***Styropor-Herz*** rote Steine aufkleben, dabei in der Mitte des Herzens mit zwei senkrechten Reihen beginnen, die Steine an den Rändern einpassen. Die Fugenmasse mit reichlich Ultramarinblau einfärben und die Flächen verfugen.

Lampe & Marienkäfer

Material

Schmetterlingslampe
- Tischlampe, klar, Höhe 25 cm
- Cristallicpaint in Grün, Hellgrün
- Mosaiksteine, 5 x 5 mm, in Rot, Lachsorange, Hellgrün, Schwarz
- Schwämmchen mit Halteklammer

Marienkäfer
- Terrakotta-Kugel, 8 cm Ø
- Halbkugel aus Holz, 4 cm Ø
- Mosaiksteine, 5 x 5 mm, in Schwarz, Purpurrot, Rosa
- Acrylfarben in Schwarz, Karmin
- Aludraht in Schwarz, 2 mm Ø, 2x 30 cm
- Bohrer, 2 mm Ø

Vorlagen H1, H2

Das Glas der **Schmetterlingslampe** mit den transparenten Glasfarben grundieren: Ein kleines Stück Schwamm an einer Wäscheklammer festklemmen, Farbe aufnehmen und diese in senkrechten Stupfbewegungen auf das Glas auftragen. Wenn die Farben überlappend aufgetupft werden, ergibt sich ein sanfter Farbübergang. Trocknen lassen. Am besten die Vorlage mit Klebeband innen an der Lampe festkleben. Jeden Stein mit Kleber versehen und mit ein wenig Abstand zum vorhergehenden aufkleben. Zum Teil die Steine mit der Zange brechen und einpassen. Die Zwischenräume bleiben in diesem Fall unverfugt, damit Licht durch die Fugen dringen kann.

Für den **Marienkäfer** die Halbkugel als Kopf mit Silikon auf der Terrakotta-Kugel fixieren. Flügel, Punkte und Gesicht aufmalen. In die Holz-Halbkugel oben zwei Löcher bohren. Die Fühler aus Aludraht einkleben und die Enden mit einer kleinen Zange bzw. den Fingern zur flachen Spirale eindrehen. Das Gesicht mit schwarzen und rosafarbenen Steinen aufkleben; als Nase zwei Steine deckungsgleich aufeinander kleben. Beim Körper mit den schwarzen Punkten beginnen, dann die roten Flügel arbeiten und den Rest mit Schwarz bedecken. Die Fugenmasse mit Schwarz und Karmin zu einem Grauton einfärben. Alles verfugen.

Blumentisch

Material

Tisch & Vase

- Mosaik-Tisch, schwarz, 2-stufig, 38 x 38 x 77 cm
- Mosaik-Glassteine in Schwarz, Grau, Weiß, Hellgrün, Grün
- Acrylfarbe in Hellgrün
- Glasplatten o. Zement
- Glasflasche, 19,5 cm
- Cristallicpaint in Hellgrün, Grün
- Schwämmchen mit Halteklammer

Merkzettel-Baum

- Holzbilderrahmen mit Rückwand, 24,5 x 40,5 cm, Innenmaß 16,5 x 32,5 cm
- 16 Magnete, 15 x 3 mm
- Mosaik-Glassteine in Hellgrün, Grün, Braun
- Acrylfarben in Weiß, Hellgrün, Blau
- Graukarton
- Sekundenkleber

Vorlagen J1 – J3

Tisch mit Vase

1 Zunächst die Vertiefungen des Tisches glätten: Entweder mit Zementmasse glatte Bodenflächen mit je 7 mm Rand aufbringen oder zwei 5-mm-Glasscheiben (37 x 37 cm und 24 x 24 cm) vom Glaser mit reichlich Silikon einkleben. Die Steine für die Blüte auflegen, dann den Hintergrund von innen nach außen in den Farben Grün, Hellgrün, Weiß, Grau und Schwarz unregelmäßig auslegen. Wenn sich die Steine optimal ineinander fügen und die Fläche ganz belegt ist, jeden Stein hochheben und mit Silikon wieder ankleben. Nach dem Abbinden des Klebers die Mosaikflächen mit hellgrün eingefärbter Fugenmasse ausfugen.

2 Die Flasche mit transparenter Glasfarbe strukturieren: Die Farbe mit einem an einer Halteklammer befestigten Schwämmchen auftupfen und trocknen lassen. Glassteine mit Silikon aufkleben.

Merkzettel-Baum

Den Holzrahmen und die Rückwand in der oberen Hälfte mit einem Gemisch aus Weiß und Ultramarinblau, in der unteren Hälfte mit einem Mix aus Weiß und Hellgrün bemalen. Die Farbübergänge gelingen besser, wenn das Holz leicht feucht ist. Nach dem Trocknen zuerst die hellgrünen Steine für die Blätter aufkleben; jeweils in der Mitte mit Sekundenkleber einen Magneten fixieren; dabei immer als Höhenausgleich etwas Karton dazwischenkleben. Dann die Steine für den Baumstamm und die Äste sowie die grünen Steine für die Baumkrone befestigen. Den Baum mit hellgrün eingefärbter Fugenmasse ausfüllen. Pro Magnet einen zweiten Magneten mit einem hellgrünen Glasstein bestücken.

In Blau-Grün

Material

Seepferdchen-Tablett

- Holztablett, 36 x 24 cm
- Mosaiksteine, marmoriert, 1 x 1 cm, in Türkis, Mittelblau, Hellblau, Grün, Hellgrün, Schwarz
- Acrylfarben in Maigrün, Weiß, Ultramarinblau

Kerzenständer

- Terrakotta-Kerzenständer, 8 cm
- Mosaiksteine, marmoriert, 1 x 1 cm, in Hellgrün, Grün, Mittelblau, Hellblau
- Acrylfarben in Hellgrün, Weiß

Vorlagen K1 – K3

Seepferdchen-Tablett

Zunächst das Seepferd und den Seestern mit Bruchstücken der Mosaiksteine arbeiten. Anschließend mit ganzen Steinen den Hintergrund wellenförmig auslegen, um die Figuren herum die Steine nach Bedarf zurechtschneiden. Nach dem Abbinden des Klebers die Fläche mit weißer Fugenmasse ausfüllen. Um die Figuren hervorzuheben, nach dem Trocknen der Fugenmasse die Fugen des Hintergrundes mit etwas verdünntem Ultramarinblau einfärben. Den Holzrand des Tabletts mit einem Gemisch aus Maigrün und Weiß einfärben.

Kerzenständer

Die Terrakotta-Kerzenständer mit einem Gemisch von Weiß und Hellgrün grundieren. Mit Bruchstücken von Mosaiksteinen die Fläche des einen Kerzenständers spiralförmig bekleben, beim anderen Kerzenständer geschwungene Flächen aufkleben, die sich dann nach unten verjüngen und spitz auslaufen. Am Fuß des Spiralen-Kerzenständers geschwungene Reihen aus Mosaiksteinchen aufkleben. Die Fugenmasse hellgrün einfärben und die Mosaikflächen verfugen.

Spiegel & Co.

Material

Spiegel

- Bilderrahmen aus Birkensperrholz, 33,8 x 27,8 cm
- Spiegel, 15 x 21 cm
- 3 Spiegel „Mond“, 38 x 15 mm
- Mosaiksteine, marmoriert, 1 x 1 cm, in Rot, Türkis, Hellgrün, Grün, Royalblau
- Mosaiksteine, 5 x 5 mm, in Schwarz
- Acrylfarben in Weiß, Hellgrün, Ultramarinblau

Dosen

- Mosaik-Box, rund, in Weiß, 15 x 6 cm
- Mosaik-Box, quadratisch, in Weiß, 15 x 15 x 6 cm
- 2 Spiegel „Mond“, 38 x 15
- Mosaiksteine, marmoriert, 1 x 1 cm, in Türkis, Mittelblau, Hellblau, Hellgrün, Grün
- Mosaiksteine, marmoriert, 1,5 x 1,5 cm, in Hellblau
- Spiegelmosaiksteine, 1,5 x 1,5 cm
- Acrylfarben in Ultramarinblau, Weiß

Vorlagen L1 – L3

Spiegel

1 Den Vogel aus Bruchstücken nach der Vorlage aufkleben. Unter die mondförmigen Spiegel reichlich Silikonkleber geben, damit sie auf die gleiche Höhe kommen wie die Mosaiksteine. Mit roten Bruchstücken einen inneren und äußeren Rand legen; anschließend die grünen Gräser und einen zweiten Rand innen und außen mit grünen Bruchstücken arbeiten.

2 Die übrigen Flächen mit ganzen hellgrünen Mosaiksteinen ausfüllen. Um die Motive herum die Steine entsprechend mit der Zange einpassen. Die Fugenmasse mit etwas Hellgrün einfärben. Den äußeren Rand des Holzrahmens mit einer Mischung aus Weiß und Hellgrün passend zur Fugenmasse anmalen. Die Fugen im Bereich des Vogels nachträglich in Ultramarinblau hervorheben.

Dosen

Die Motive in die Vertiefung des jeweiligen Dosendeckels nach den getrennten Vorlagen mit Bruchstücken von Steinen aufkleben. Dabei wieder reichlich Silikonkleber unter den Mond geben, damit er dieselbe Höhe wie die Steine erreicht. Auf den äußeren Rand 1,5-cm-Mosaiksteine in Hellblau bzw. Spiegel-Mosaiksteine aufkleben. Die Fugenmasse mit Ultramarinblau einfärben. Den Rand des Deckels mit einer Mischung aus Weiß und Ultramarinblau passend zur Fugenfarbe bemalen. Die Dose ultramarinblau einfärben.

Material

Schmuckdose

- MDF-Truhe, 18 x 12 x 10 cm
- Mosaiksteine, 5 x 5 mm, in Dunkelgold, Royalblau, Hellgrün, Türkis
- Acrylfarben in Mint, Ultramarinblau

Bilderrahmen

- MDF-Rahmen, 20 cm ∅
- Mosaiksteine, 5 x 5 mm, in Dunkelgold, Royalblau, Türkis, Hellgrün
- Acrylfarbe in Weiß
- Strukturpaste in Weiß
- Papier-Aufhänger

Lederbändchen

- Lederband in Braun, 2,5 cm x 15,5 cm
- Mosaiksteine, 5 x 5 mm, in verschiedenen Farben
- Lederband in Schwarz, 1,5 x 15,5 cm
- Lederohrringe in Schwarz, mit Ohrfedern in Silber, 0,5 x 5 cm
- Dekokleber auf Wasserbasis oder Alleskleber

Vorlagen M1 – M3

Für Teenies

Schmuckdose

Die Mosaiksteine nach der Vorlage auf den Deckel der Truhe kleben. Zum Ausfugen den Rand mit Malerklebeband abkleben. Die Mosaikfläche verfugen, dann das Klebeband abziehen und die Truhe mit Acrylfarben in Mint und Ultramarinblau bemalen.

Bilderrahmen

Die Steine nach der Vorlage auf den Rahmen kleben und nach dem Anziehen des Klebers verfugen. Die verbleibenden Flächen des Bilderrahmens mit weißer Acrylfarbe bemalen und nach Wunsch mit Strukturpaste strukturieren. Auf der Rückseite den Bilderrahmen-Aufhänger ankleben.

Lederbändchen

Die Mosaiksteine nach der Vorlage mit dem Dekokleber Stück für Stück auf die raue Seite der Lederbänder kleben und gut andrücken.

Teddy & Eule

Material

Teddy

- Terrakotta-Kugel, 8 cm ∅
- Holzkugel, 5 cm ∅
- 7 Halbkugeln aus Holz, 25 mm ∅
- Mosaiksteine, 5 x 5 mm, in Elfenbein, Rosa, Pastellorange, Purpurrot
- Acrylfarbe in Rehbraun

Eule

- Terrakotta-Kugel, 8 cm ∅
- 2 Halbkugeln aus Holz, 4 cm ∅
- Strukturpaste in Weiß, grob
- Mosaiksteine, 5 x 5 mm, in Pastell-orange, Braun, Dunkel-gold
- Acrylfarbe in Rehbraun

Vorlagen N1 – N2

Für den **Teddy** die 5-cm-Kugel als Kopf mit Silkon auf der Terrakotta-Kugel fixieren, die Halbkugeln (25 mm ∅) als Ohren, Schnauze und Beine aufkleben und die Übergänge mit Strukturpaste glätten. Das Innere der Ohren, die Beine und die Schnauze mit Steinen in Elfenbein bekleben. Als Nase und Mund Steine in Purpurrot zum Teil diagonal bzw. mittig teilen. Die erste Reihe des Kopfes um die Schnauze herum mit Augen arbeiten. Die übrigen Flächen Reihe für Reihe mit Steinen in Rosa und Pastellorange bedecken und einen unregelmäßigen Brustfleck in Elfenbein anfertigen. Mit leicht rehbraun eingefärbter Fugenmasse verfugen.

Für die **Eule** die zwei Halbkugeln mit der glatten Seite nach vorne als Kopf auf der Terrakotta-Kugel fixieren (Silikon). Hinten den Übergang zwischen den Kugel-Wölbungen mit Strukturpaste fließend verstreichen, vorne den Schnabel aufbauen.Mit Bleistift die Umrisse des Bauches und der Flügel aufzeichnen und die Steine Reihe für Reihe von außen nach innen aufkleben; zuletzt die Steine passend mit der Zange brechen. Die Augenkreise von innen nach außen aufkleben, die Wölbungen des Kopfes hinten mit Steinen in Pastellorange bedecken, den Körper mit braunen Steinen bekleben. Mit leicht rehbraun eingefärbter Fugenmasse verfugen.